I0228983

समीक्षा

Praise for the Book

मैंने शांति प्रकाश जी के द्वारा लिखी गई कविताएँ जो उनकी पुस्तक स्पंदन के लिए लिखी गई हैं, पढ़ी हैं । उनकी लेखनी आज के बदलते परिवेश में मानवीय मूल्यों को दर्शाती है । कई कविताएँ जैसे- मैं भी चाहती हूँ बदलना, प्यार और मोह की रेखाएं, मां...पापा कैसी बात करते हैं, में बदलते संबंधों और बदलती सोच का ना सिर्फ वर्णन है बल्कि उनके भाव अपने दिल को छू जाते हैं।स्पष्ट दिखता है कि परम्पराएँ कैसे बदल रही हैं। इन कवितिओं में जो सामाजिक चेतना अभिव्यक्त होती है, इस को कहने के लिए शब्द बहुत ही कम हैं। प्रदूषण आज की समस्या है, उसका वर्णन और समाधान बहुत सुंदर काव्यात्मक ढंग से किया गया है, यह तो कविता पढ़कर ही आप उससे आत्मसात हो सकते हैं। माँ के चेहरे की झुर्रियाँ और उनका कारण - प्यार और मोह, आज के बदलते परिवेश में किसी को भी झकझोरने के लिए पर्याप्त है । रचनाएं अति संवेदनशील हैं जो अपना सामाजिक दायित्व निभाती हैं ।

शांति प्रकाश जी की इस पुस्तक के लिए हार्दिक बधाई ।

डॉ. सविता रॉय
प्राचार्य
दौलत राम महाविद्यालय
दिल्ली विश्ववविद्यालय

पुस्तक 'स्पंदन' में शांति प्रकाश जी की रचनाएँ वर्तमान की गूँज हैं। इनकी कविताओं में हृदय की कोमलता, समाज की परिवर्तनशीलता और मानवीय मूल्यों के ह्रास की वेदना साँस लेती है। सामाजिक क्रूरता के प्रति इनके हृदय की करुणा बरबस ही एक आम आदमी को यह सोचने के लिए बाध्य कर देती है की इंसानियत से बढ़कर कोई धर्म नहीं है। प्रकृति केवल सौंदर्यवान ही नहीं है, अपितु वही हमारी सच्ची सहचरी है उस से उपेक्षित व्यक्ति अधूरा है। अर्थात् यह प्रकृति, यह समाज, यह सामाजिक चेतना और उसकी परिवर्तनशीलता ही जीवन का सार है। यही इन कविताओं के परिदृश्य पर अंकित है। प्रेम के संगीत, तपिश, करती हूँ इंतजार और अंगदान जैसी कविताएं किसी के भी मन मस्तिक पर अपनी सकारात्मक छवि अंकित करती हैं। बहुत कुछ कहा परंतु अब भी बहुत कुछ बाकी है क्योंकि अंततः शब्दों की भी तो एक सीमा है; भावनाएँ तो इनसे परे ही हैं।

डॉ. सुनीत वर्मा
पी.एच.डी (हिंदी साहित्य)
आगरा विश्वविद्यालय

स्पंदन
Spandan

शांति प्रकाश
Shanti Prakash

ZORBA BOOKS

ZORBA BOOKS

Publishing Services in India by Zorba Books, 2018

Website: www.zorbabooks.com
Email: info@zorbabooks.com

Copyright © Shanti Prakash

ISBN 978-93-88497-18-3

All rights reserved. No part of this book may be reproduced or transmitted in any form or by any means, electronic or mechanical, except by a reviewer. The reviewer may quote brief passages, with attribution, in a review to be printed in a magazine, newspaper, or on the Web—without permission in writing from the copyright owner.

The publisher under the guidance and direction of the author has published the contents in this book, and the publisher takes no responsibility for the contents, it's accuracy, completeness, any inconsistencies, or the statements made. The contents of the book do not reflect the opinion of the publisher or the editor. The publisher and editor shall not be liable for any errors, omissions, or the reliability of the contents of the book.

Any perceived slight against any person/s, place or organization is purely unintentional.

Zorba Books Pvt. Ltd.(opc)
Gurgaon, INDIA

Printed at Repro Knowledgecast Limited, Thane

सूची

प्रिय पाठको ix

1. अब आप ही बताओ..... 1
2. कोडेड मैसेज.... 2
3. यह गुज़ारिश है.... 4
4. माँ..पापाजी कैसी बात करते हैं.. 5
5. टूटा सब्र का बाँध तो..... 7
6. प्रदूषण से मुक्त करो यही है पुकार.... 8
7. काँटे भी ज़रूरी हैं... 10
8. क्या डर है जो मिलते नहीं.... 12
9. और क्या चाहिए..... 13
10. तेरी बेवफ़ाई भी.... 14
11. #- क्याआप सहमत हैं 15
12. पहचान- बायोमेट्रिक हो गई है... 17
13. लैंडलाइन पर कॉल आई है.... 19
14. कर्म योगी 21
15. जा...नी ... भुला तो ना दोगे कभी... 23
16. चेहरों में नाम ढूँढ़ते-ढूँढ़ते... 25
17. पहचान अपनी-अपनी... 27
18. आप ही बोलो क्या सच है...... 28
19. पंख लगा के उड़ 29
20. क्या ख्याल है जी 30
21. मैं भी चाहती हूँ बदलना 31

22.	क्यों जी ठीक है ना.......	33
23.	दिल की धड़कन हो तुम...	34
24.	दिल माँगने की बात हो गई.....	35
25.	करती हूँ वादा प्यार में	37
26.	थोड़ी सी शर्माहट.....	39
27.	आज भी हूँ...	40
28.	यादों का सफ़रनामा ...	42
29.	कर रहा हूँ तुम्हारा इंतज़ार...	44
30.	आधुनिकता के स्पर्श	46
31.	नौकरी की तलाश में......	48
32.	गुरु जी की मंद- मंद मुस्कान:	50
33.	बस आप के लिए....	52
34.	दिल की दिल से	53
35.	भाई-बहन की टेलिपाथी	54
36.	फूलों को श्रद्धांजलि:	55
37.	यादों की उम्र	56
38.	ढूँढ़ती हूँ उम्मीद की राहें	57
39.	मेरा मुस्कराना और उनका शर्माना	59
40.	वीडियो कालिंग से	61
41.	अधूरे शब्द......	62
42.	चाहिए तो शब्द ही	64
43.	पलकों से बंद होती झील:	66
44.	सावन में बनती मन की इबारतें:	67
45.	आँखों में छुपने को है बेक़रार	68

46.	फेशियल की ज़रुरत है	70
47.	आप की खामोशियाँ	72
48.	भीगने का इंतज़ार	73
49.	बारिशों में इंतज़ार	75
50.	क्यों पूछते हो मुझसे	77
51.	मन की उलझनें	79
52.	प्यार का सफ़र	81
53.	सफ़र में एक सेल्फ़ी	82
54.	प्यार और मोह की रेखाएँ	84
55.	करती हूँ इंतज़ार	86
56.	मैं ढूँढ़ती रह गई:	88
57.	बचपन की चाहत	90
58.	बहने दो मुझे:	93
59.	बरसाती नदी की	94
60.	एक आहट- साँसों की	96
61.	खूबसूरती के चार स्तम्भ	98
62.	हम दो -एक जान	100
63.	गलती और गलतफ़हमी	102
64.	बादलों के उस पार	104
65.	खुले केशों की महक	106
66.	सपने - भीगी रेत पर	107
67.	चुभन	109
68.	प्रेम के संगीत	110
69.	तपिश	111

70.	हाथ की लकीरें.....	112
71.	सुनहरे फ्रेम में काला चशमा	113
72.	स्पर्श के एहसास	114
73.	अंगदान....	116
74.	वो आएँगे ज़रूर	117
75.	क्या यही होता है पहला प्यार	118

प्रिय पाठको

सादर नमन

मैं शांति प्रकाश, दिल्ली विश्वविद्यालय से एम.एस.सी. केमिस्ट्री हूँ। मैंने दिल्ली विश्वविद्यालय से एडवांस डिप्लोमा इन चाइनीस लैंग्वेज और वहीं से ही एलएलबी की डिग्री ली, वर्त्तमान में मैं एक वकील हूँ।

ज़िंदगी के सफ़र में मेरी प्रोफेशनल लाइफ के दौरान मुझे कई बार ऐसे मौके मिले जहाँ न सिर्फ़ ह्यूमन रिलेशन्स, उनकी जरूरतों और मानव अधिकारों के उल्लंघन ने मेरे मन पर कहीं बहुत गहरी छाप छोड़ दी।

मेरे लिए हर सुबह आत्मनिरीक्षण का समय होता, जब मानवीय संबंध और प्रकृति मेरे अंदर एक दस्तक देती, मेरे विचार, शब्दों और वाक्यों में परिवर्तित होते और देखते ही देखते पता नहीं कैसे मेरे अंदर से कविता जन्म ले लेती।

मुझे जीवन में अपने देश के कई प्रदेशों में जाने का मौका मिला। मेरे प्रकृति के प्रति प्रेम को देख मेरे प्यार ने मुझे कश्मीर से कन्याकुमारी, पुरी से द्वारका तक और हिमालय की ऊँचाइयों से समुंदर की लहरों तक आत्मसात करने का साथ दिया जो उनके सहयोग के बिना असंभव ही था। मैं यह भी जानता हूँ कि अगर मेरी भावनाएँ प्रकृति के साथ आत्मसात न होती तो शायद इस किताब में रचनाओं का बनना भी संभव न होता।

मैं अपने दिल से अपने प्यार का शुक्रगुजार हूँ जिसने मुझे ज़िंदगी में आत्मसात हो जीने का अवसर प्रदान किया।

आप यकीन मानिए, अपने देश की सुंदरता देखने की मेरी ललक मुझे एक जगह से दूसरी जगह ले जाती। मैं हैरान होता था अपने देश की सुंदरता देख कर। मैंने देखा है कौसानी और कन्याकुमारी में सूर्योदय ... मैंने एक बार सूर्योदय के समय कन्याकुमारी में उगते सूर्य को अपनी अंजुलि में पकड़ने का दुस्साहस भी किया ...उसकी एक फोटो इस पुस्तक में प्रस्तुत है। शहर, कस्बा और वहाँ के लोग आपके मन और सोच पर एक गहरी छाप छोड़ जाते हैं। मैंने देखे हैं रामेश्वरम के कुआँ, मणिकरण में गरम पानी का स्रोत, गुजरात के सोमनाथ मंदिर में लाइट एंड साउंड शो, मध्यप्रदेश में खुजराओ और पंचमणी की विभिन्नता, केरल में बैक-वाटर और मुन्नार के चाय बागान, जो आपको ज़िंदगी का एक नया एहसास देते हैं। आपके अंदर एक नई ऊर्जा जन्म लेती है और यह ऊर्जा विचार के रूप में शब्द बन, शब्द जाल या वाक्य के माध्यम से एक रचना बन जाती है जो आपके सम्मुख 'स्पंदन' में प्रस्तुत है।

शांति प्रकाश

Dear Readers,

Greetings

I Shanti Prakash, am M.Sc. Chemistry from Delhi University. I have done an Advance Diploma in Chinese Language and am also a law graduate from University of Delhi, hence a lawyer by profession.

In my life's sojourn, in the course of my professional life, on many occasions I come across strained human relations and the violation of human rights which pricked my conscience and saddened my heart leaving a deep impression on my mind.

For me, each morning brings introspection when people and nature strike a chord in me and my thoughts begin to formulate into words, words into sentences and lo! Behold, a poem is born.

During my travels, I got a chance to visit numerous states in our country. Seeing my fondness for nature, the love of my life accompanied me in traversing across the length and breadth of our country, from Kashmir to Kanyakumari, from Puri to Dwarka and from the heights of the mighty Himalayas to the thrashing waves of the Southern tip. I also acknowledge that had my emotions and feelings not been assimilated with nature, it would not have been possible to pen the compositions in this book.

I thank my love, my life, my wife with all my heart for giving me the opportunity to live my life, my way.

Believe me, the desire to see the beauty of our country takes me from one place to another. I am always surprised by its beauty. Cities, towns and people leave a deep impression on my heart and mind. I have seen the sunrise in Kausani and Kanyakumari ... in Kanyakumari, I have even dared to hold the rising Sun in my hands ... a memory showcased in this book. I have seen the wells of Rameswaram, the source of hot water in Manikaran, the light and sound show in Somnath Temple, Gujarat, the distinct difference between Khajuraho and Panchmani in Madhya Pradesh, the tea gardens of Munnar and the back-waters in Kerala, which give you a new lease of life. You feel rejuvenated, the energy born within you becomes an idea - the idea then transforms into a sentence and becomes the source of numerous compositions penned and presented in 'Spandan'.

Shanti Prakash

About the Author

Shanti Prakash s/o Late Malik Ram, is a Lawyer by profession and a Human Rights Consultant.

A poet by heart and a traveller by passion, he was born in Kurukshetra, Haryana and grew up in Tilak Nagar, Delhi.

He is a Chemistry (Hons) graduate from Kirori Mal College, Delhi University and later pursued M.Sc. in Chemistry from the same University. He went on to get an Advanced Diploma in Chinese Language followed by LLB Degree from Delhi University.

He can be contacted at the email
shanti.prakash28@gmail.com

'ज़िंदगी के फ़लसफ़े
बने जो दिल की धड़कन
शब्दों में बयान कर
अपनी कलम से
लाया हूँ सम्मुख आपके
"स्पंदन"
के रूप में'

शांति प्रकाश
shanti.prakash28@gmail.com

अब आप ही बताओ.....

Ab Aap Hi Batao.....

हाथ की लकीरों में
क्या ढूँढ़ते हो...
सफर ज़िंदगी में मिलेंगे
यादगार मुकाम भी
ख्वाइशों का बाज़ार तो नहीं
जहाँ खरीददार ही मिलें

प्यार कमज़ोरी समझ
इम्तिहान इतने भी ना लो
सफ़र ज़िंदगी में
ना प्यार मिले
ना दिल-दार मिले

अब आप ही बताओ
समाधान क्या करें....

कोडेड मैसेज....
Coded Message...

बदलते समय में
आँखों की नज़ाकत
डिजिटल बन कर
कोडेड मैसेज हो गई है।

बदलते समय में
क्या कहिये मुस्कराहट को
वो तो बस शरारत भरी
कोडेड मैसेज ही हो गई है।

बदलते समय में
शर्माहट भी देखिये
वो बस फेसबुक पर
कोडेड लव लेटर हो गई है।

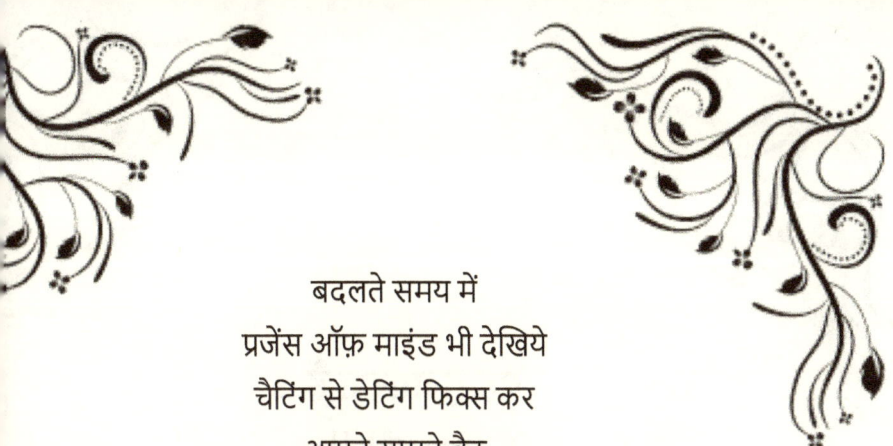

बदलते समय में
प्रजेंस ऑफ़ माइंड भी देखिये
चैटिंग से डेटिंग फिक्स कर
आमने सामने बैठ
दिल की दिल से बात कीजिये
नये सपनों का संसार खोजिये
उसे भी कोडेड मैसेज कीजिये।

यह गुज़ारिश है....
Yeh Guzarish Hae....

बदलते मौसम की
ठंडी रात में
मासूम सी सिलवटें
बयान करती
ठिठुरन की... एक कहानी

तनहा सी गुजरी... रात है
पढ़ कर लिखना चाहोगे
कोई कविता या कहानी...

माँ..पापाजी कैसी बात करते हैं..

Ma..Papaji Kesi Baat Karte Hain..

२५- के गबरू जवान से
एक दिन पूछ लिया पापा ने
है कोई-या फिर हम ही करें
तेरी शादी वादी की बात भी

सुन बाप बेटे की बातें- तभी
माँ-प्यारी भी आ पूछने लगी
बेटा बोला माँ-मॉम- देखो ना
कैसी बात करते हैं..पापाजी

कोई नहीं..हीं- है अभी...
हलात क्यों नहीं समझते
सुन कर मेरी व्यथा और परेशानी
पापा ने दे डाली नेक सलाह

सुबह जल्दी उठकर बाग में
रोज़ जॉगिंग करने जाया करो
चाँदनी रात में मुस्करा कर ही
आँखों-आँखों से बात किया करो

सुन जवाब पापा का माँ बोली
पता नहीं तो चुप रहा करो।

अनलिमिटेड- इंटरनेट से
रात को एयर कंडीशन कमरे में
बत्तियाँ बुझा के वीडियो कालिंग
और ई-मेल का ज़माना है
बन जाते हैं कमिटेड और
स्टेडी रिलेशन्स भी

क्यों ठीक है ना बेटा ....
मॉम...आप तो सब जानती हो
ठीक है कर लूँगा डेटिंग पर बात
समझा ही देना पापाजी को आप

टूटा सब्र का बाँध तो.....

Tuta Sbr Ka Bandh to...

मुखौटों से चेहरा ढककर
नीयत बदल जाती नहीं
रिश्तों में गुस्ताखियाँ
काबिले माफ़ हो जाती नहीं

बहुत हुआ हमदर्दी का मुशहरा
जो रुक ना पाओ गे
टूटा सब्र का बाँध तो
रुक जायेगा वक़्त तुम्हारा भी

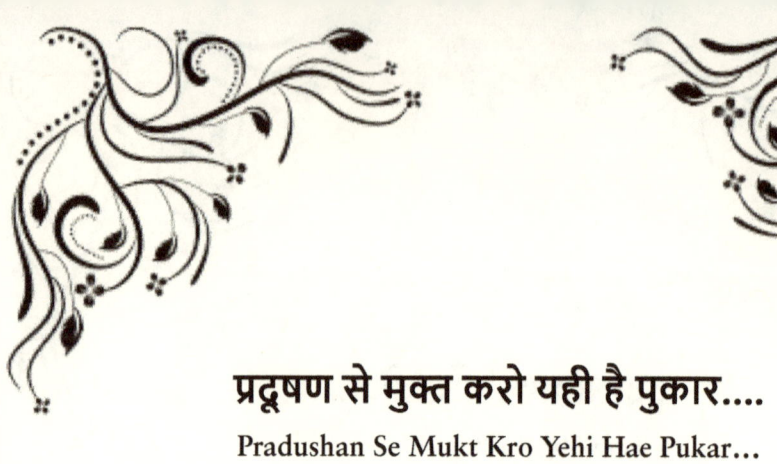

प्रदूषण से मुक्त करो यही है पुकार....
Pradushan Se Mukt Kro Yehi Hae Pukar...

मुक्त करो प्रदूषण से है यही इस बार पुकार
होती घुटन साँस लेने में करो उपाय मेरे सरकार

जलते खेतों से आता धुआं भी है ज़िम्मेवार
घुटन है साँस लेने में-मुक्त करो प्रदूषण से
है पुकार- मुक्त करो प्रदूषण से इस बार

जलती हैं आँखें धुएँ से नन्हें बच्चों की स्कूल में भी
प्रदूषण मुक्त कर-करो कुछ उपकार इनपर भी

रखें निगरानी खुले वाहनों की सड़क पर भी
जो चलते बिन ढके ही ले बदरपुर और बालू
उड़ाते कण जिनसे होती चुभन आँखों को भी

भरने को गड्ढ़े और इमारतों के लिए नींव भी
सड़क पर मिलेंगे खुले-कूड़े से भरे वाहन भी
है बदबू फैलती जिनसे- चारों तरफ और भी

करे उपाय कि लैंडफिल में आग ही ना लगे
जनता ले सकें साँस बिना नाक मुँह ढके ही

बच जाए पानी- प्रदूषण भी- करो उपकार
मुक्त करो प्रदूषण से- है यही इस बार पुकार।

काँटे भी ज़रूरी हैं...
Kanten Bhi Zroori Hen…

फूलों की खुशबू की मदहोशी में
गुलाब से ही पूछ लिया मैंने तभी
खिलते हो कली से हर सुबह तुम
काँटों से घेर क्यों आते हो उसे तुम

सुनकर जवाब जो कहा खुशबू ने उसकी
पता नहीं लगे कैसा जनाब.... आप को भी

जनाब...मुझको बेच कर पैसा कमाने की चाहत में
मेरी तरह नन्हीं सी कली को ही तोड़ न डाले कोई

डरकर.....उसकी हिफाजत के लिए ही
चारों तरफ उसके काँटे रखकर आता हूँ मैं
उसी से सुबह फिर बन कर गुलाब
बिकने को ही निकलूँगा बाज़ार में...मैं

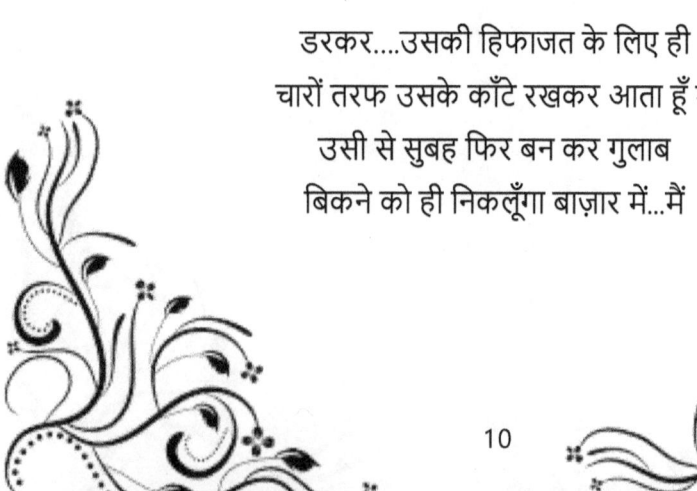

हुआ नसीब में मेरे मोक्ष तो
करेगा कोई अर्पित मुझको
चरणों में प्रभु के ही
नहीं तो...
बन कर गुलाब
मैं फिर बिकूँगा
बाज़ार में ही..

क्या डर है जो मिलते नहीं....

Kya Dar Hae Jo Milte Nhin

बिखरते पल और टूटती यादों में
अभी आस बाकी है तेरे आने की

क्या डर है तुम्हें - जो मिलते नहीं
चाँदनी रात है सपने में चले आना

शिद्दत से इंतज़ार है तुम्हारा
सुलझा लेंगे गिले शिकवे भी
अभी तो आस भी बाकी है
तेरे दिल में उतर जाने की

बिखरते रिश्ते और
यादों को समेटने का
वक़्त बाकी है भोर तलक
और है आस भी तेरे आने की ...
सुलझा लेंगे गिले शिकवे भी...

और क्या चाहिए.....

Aur Kya Chahiye...

ऐ दोस्त इल्तज़ा हो गर कि......
नसीब में प्यार ही मिल जाए तो फिर
किसी ख्वाइश का क्या वज़ूद रह जाए !

नसीब में प्यार लेने वाला ही मिल जाए तो
ज़िंदगी में फिर माँगने को ही क्या रह जाए

अपनी ज़रूरतों की भी क्या चाहत रह जाए
जब उनकी हर चाहत ही ज़रूरत बन जाए

इल्तज़ा है उनकी हर चाहत ही प्यार बन जाए
ज़िंदगी में फिर माँगने को कुछ और न रह जाए

तेरी बेवफ़ाई भी....
Teri Bewfai Bhi....

तेरी बेवफ़ाई में भी....
तुम्हें छू कर जो आये हवा
इल्तिजा है मेरी साँस बन जाए

तेरी चाहतों में जियें इस तरह कि...
तेरी हर ख्वाइश मेरा प्यार बन जाए

तेरी बेवफ़ाई भी प्यार में हम याद रखेंगे
मेरी चाहत...बस तुम्हारी साँस बन जाए

वफ़ा भी झुकेगी- तेरी बेवफ़ाई के सामने
तुम्हें छू कर आती हवा मेरी साँस बन जाए ..

#- क्याआप सहमत हैं

#- Kya Aap Sahmat hain

हर दिन
कहीं न कहीं,
कोई ना कोई महिला
देहज लोभ में होती उत्पीड़ित
कभी घरेलू हिंसा से होती प्रताड़ित
वर्क प्लेस पर होती उत्पीड़न से अपमानित
इस वातावरण में भी....

होगी उसके पास भी अपनी हिम्मत-उम्मीद जीतने की
सम्मान और स्वाभिमान से जीने के हक़ की- ज़रूर ही

नहीं तो कैसे लड़ती जब.....
जानती है कि जी नहीं पायेगी फिर से- टूट चुके
अपने सपने और एहसास भी-पर फिर भी
जीती है उम्मीद के साथ कि-मिलेगा

न्याय जल्दी- बदलते परिवेश में
बदलेगी पुरानी सोच भी
नारी-सम्मान में भी....
क्याआप सहमत
हैं जी ....

पहचान- बायोमेट्रिक हो गई है...
Pehchan-Biometric Ho Gai Hae...

नाम और चेहरों से... आजकल
पहचान में दिक्कत होने लगी है
इसलिए अपनी...
उलझन के बारे.. एक दोस्त से पूछा!

बड़े नादान हो यार तुम......वो बोला,
नहीं जानते हो कि आजकल...
पहचान बायोमेट्रिक हो गई है..

फिर भी....
अगर बात तुम्हारी प्यार-व्यार की है
और
इस को भी कन्फर्म करना ही है..तो
एक लम्बी सी साँस लो......हूँ करके
और...लास्ट डेटिंग पर जब गए थे ना
उस डेट की खुशबू को...मन से जियो

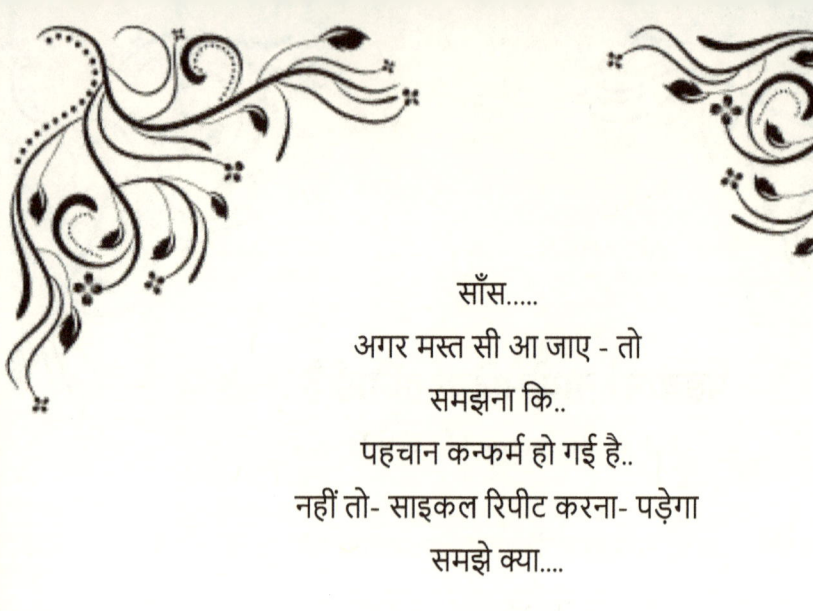

साँस.....
अगर मस्त सी आ जाए - तो
समझना कि..
पहचान कन्फर्म हो गई है..
नहीं तो- साइकल रिपीट करना- पड़ेगा
समझे क्या....

लैंडलाइन पर कॉल आई है....

Landline Par Call Aaie Hae…

हवा की महक से,
यादों में-मैं खो जाता
जब तक कुछ पल सँजोता
भोर हो जाती,

उनका पास होने का-अहसास
और सपने में बाल सहला कर
उनका चले जाना ...
होती यही मदहोशी रात भर
सपने में ज़ीने की

इतने में फिर.....
हड़बड़ाहट देती एक दस्तक,
उठो भोर होने को आयी है...

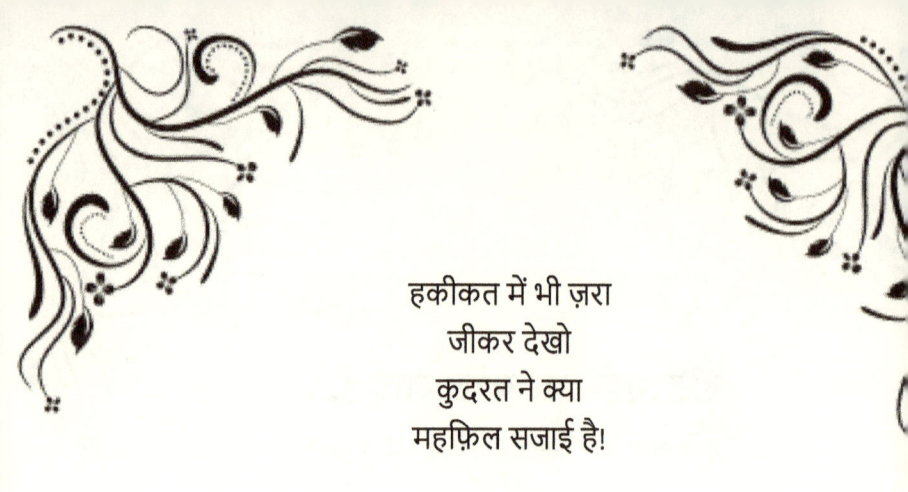

हकीकत में भी ज़रा
जीकर देखो
कुदरत ने क्या
महफ़िल सजाई है!

देखो
लैंडलाइन पर कोई कॉल आई है....

कर्म योगी

Karm Yogee

अमर उजाला काव्य और पाठकों
को नवरात्रि और दीपावली की
शुभ कामनाएँ और
धन्यवाद सहित समर्पित
है देने को अपनी ज़ुबां
इन अल्फ़ाज़ को

नवरात्रि और शुभ दीपावली आई है
कर्म-योगियों की मेहनत रंग लाई है
कुम्हार ने-
गीली मिट्टी से दिया बनाया ;

किसान ने-
नंगे पाँव सर्दी गर्मी की फ़िक्र छोड़
कपास उगा कर दीये की बाती दी

ग्वालिन ने
गाय के दूध से घी बनाया -जो
मैंने, आपने और सबने
अपने- अपने घर में दिये में डालकर
उस बाती को जलाया और
फिर उसके लौ -प्रकाश में
परमात्मा के दरबार में
माँगा अपने लिए एक
नए दान का वरदान भी।

पर भूल गए करना धन्यवाद
उनका- जिनके श्रम से था
बना वो दीपक- जिससे करी
हमने आराधना ईश्वर की

परमात्मा-है यह प्रार्थना
इस पावन नवरात्रि और
शुभ दीपावली उत्सव पर
सबको सुख शांति का
आशीर्वाद दो अपना....

जा...नी ... भुला तो ना दोगे कभी...
Ja… Ni…Bhula To Na Doge Kbhi…

याद है मुझे आज तक-राफ्टिंग करते हुए
उनका हाथों में हाथ लेकर-पकड़ कर बैठना
और फिर कभी
जंगल सफारी के ट्रिप में
पेड़ किनारे खड़े हो कर-
मेरे कंधे पर सिर रखकर
यह कहना......जा.....नी..
भुला तो ना दोगे कभी...

उनकी शंका सुन मैं हैरान तो बहुत हुआ और
बात समझने-सुलझाने को मम्मी से पूछ बैठा

माँ बोलीं... बेटा...
लगता है ब्रेकअप नोटिस आया है
कर लो तैयार अपने को...अभी से
प्यार में इम्तिहान और भी बहुत होंगे
फिर भी चाहो अगर- साथ उनका ही
तो पहला नुस्खा-

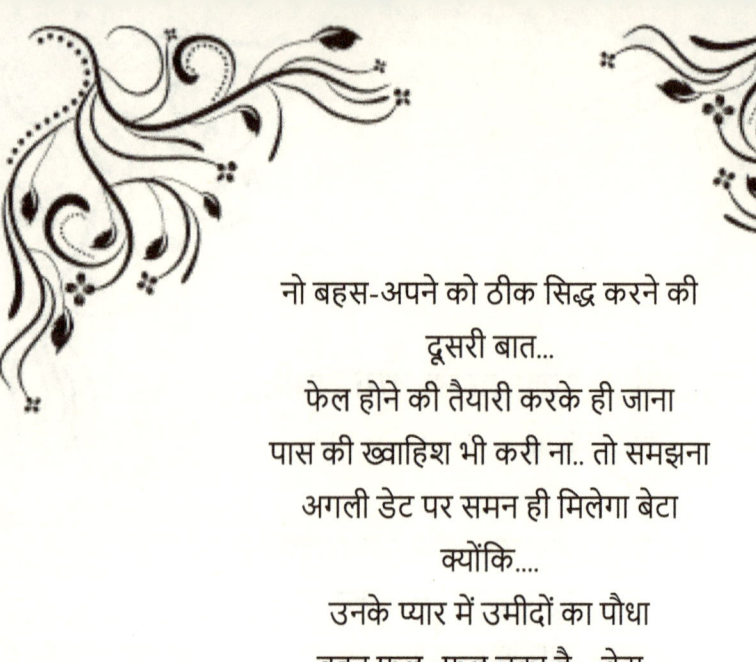

नो बहस-अपने को ठीक सिद्ध करने की
दूसरी बात...
फेल होने की तैयारी करके ही जाना
पास की ख्वाहिश भी करी ना.. तो समझना
अगली डेट पर समन ही मिलेगा बेटा
क्योंकि....
उनके प्यार में उमीदों का पौधा
बहुत फल -फूल चूका है --बेटा...
तुम तो खाद भी न जुटा पाओगे
आई बात समझ में क्या - या अभी नहीं ?

चेहरों में नाम ढूँढ़ते-ढूँढ़ते...
Chehron Me Nam Dhundte- Dhundte…

कभी चेहरों में नाम ढूँढ़ते
कभी नाम में चेहरों को ढूँढ़ते
जिंदगी की खामोशियों को
एक कागज़ पे लिख कर
करने लगा इंतज़ार मैं जिंदगी का...

फिर एक बार वो मिली और बोली
क्योंजी पता है तुम्हें.....

तुम ख्वाबों में भी वही पुरानी सी
शर्माहट और नज़ाकत ढूँढ़ते रहे,
और हम आपका दिल ही
चुरा कर ले गए
और...
हर बार छू के भी जाती थी मैं- तुम्हें
और तुम चेहरों में नाम और
नाम में चेहरे ही ढूँढ़ते रहे,
इसलिए...

तुम ठीक से पहचान भी नहीं सके
मुझे ही –
ज़िंदगी
कहते हैं लोग-यहाँ
मैं तो...
हर किसी की अपनी-अपनी होती हूँ
आप पर है निर्भर-
कैसे रखते हैं मुझे वहाँ....

पहचान अपनी-अपनी...
Pehchan Apni-Apni…

अपनी पहचान के लिए,
किनारों की चाहत छोड़
मैंने चुनी है मंज़िल एक

चुनौती मझधार में बहुत दूर जाने की है
वादा है नहीं रुकूँगा मंज़िल से पहले मैं

रास्ते में मीठी ख्वाइशों का-बसेरा भी है
जहाँ होता शिकार- मंज़िल से पहले भी है
ताकि आहट भी ना दे सुनाई वहाँ
सफ़र में साँस भी धीरे से लूँगा मैं वहाँ

चुनी है मंज़िल सहारों को छोड़ कर
किनारों की भी अब चाहत है नहीं
चुनौती है नई पहचान की
है वादा नहीं रुकूँगा अब
पाने से पहले नई पहचान मैं....

आप ही बोलो क्या सच है......
Aap Hi Bolo Kya Sach Hae...

एक खूबसूरत शिला ने
अपने मूर्तिकार से पूछा, सच बताओ...
क्या बेचा है तुमने बाज़ार में वहाँ

क्या सच नहीं कि वो मैं ही थी...
तुम्हारे मन और कल्पना में भी
जिसे तराश कर खूबसूरती से
बेच आये हो तुम - बाज़ार में वहाँ ?

आप ही बोलो क्या सच है
क्या यही सत्य है कि
ज़रुरत में,
सब कुछ बिकता है,
बाज़ार में यहाँ-वहाँ

पंख लगा के उड़
Pankh Lga Ke Ud

यह गुज़रे ज़माने की खामोशियाँ नहीं
जो बन्द पलकों में संभाल कर रखोगे

यह तो नए ज़माने की उमंगें हैं
जो मनमर्ज़ी से पंख लगा के उड़ेंगी ।

क्या ख्याल है जी ......
Kya Khyal Hae Ji....

एक दिन चौराहे पर खड़ा मैं
दिखे आप, और बदल गई
अपनी-किस्मत जी

रुकना आपका और मुड़ कर देखना जी
तभी मैंने आपको आप से चुरा लिया जी

इतनी सी और की गलती मैंने एक जी
शिकायत के लिए कुछ छोड़ा नहीं बाकी जी

यादें बन गई हैं पूँजी मेरी ज़िंदगी की
एक बात दूसरी है- और जी
अधूरा ही मिला सही-प्यार जी
मिली पूरी दर्द और चुभन की
लाजवाब यादगार जी
बदल गई किस्मत अपनी यार जी
क्या ख्याल है जी ......

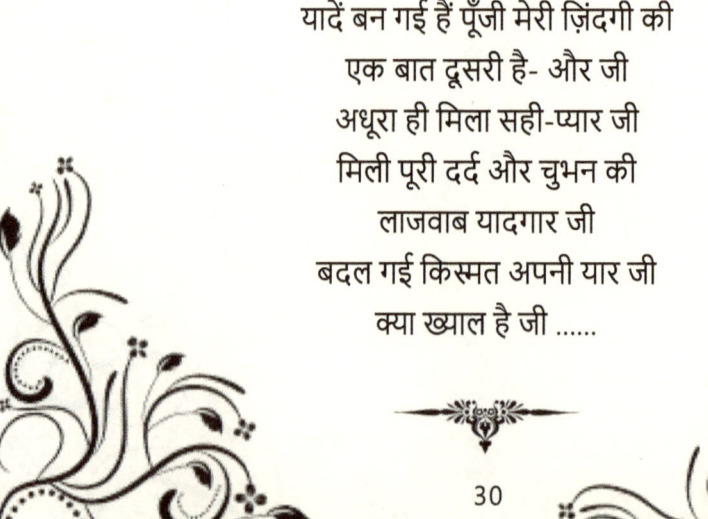

मैं भी चाहती हूँ बदलना

Mein Bhi Chahti Hun Bdalna

नए ज़माने और बदलते परिवेश की
बदलती जरूरतों के साथ
मैं भी चाहती हूँ बदलना
अपनी पुरानी पहचान को

मिलूँगी मैं सक्षम उठाने को
नई जिम्मेदारियों को भी
प्यार से ज़रा देखो इधर
मेरी देह के इस पार भी

बदलते परिवेश और जरूरतों में
नई सोच के साथ खड़ी मिलूँगी,
बनकर अर्धांगिनी, दोस्त और
हमसफ़र हमेशा तुम्हारे साथ मैं

बस नहीं चाहती हूँ अब
और ऊब चुकी हूँ मैं,
दान की जाने वाली अपनी
उस पुरानी पहचान से मैं

बदलना होगा आज तुम्हें
उस पुरानी सोच को भी
चलने को मेरे साथ साथ
मेरी नई पहचान के भी

क्यों जी ठीक है ना.......

Kyon Ji Theek Hae Naa....

प्यार की हसीन यादों को
दिल में टैग कर रखा है मैंने
जब चाहा बंद पलकों से
पढ़ लिया करता हूँ तभी

डेट पर पहली सेल्फी भी
जो ली थी हमने एक कभी
वो भी आँखों से स्कैन कर
मेल में रख ली हैं मैंने अभी

देखना जब चाहो व्हाट्सप,
इंस्ट्राग्राम, फेस बुक के बिना ही
मेल का पासवर्ड भी शेयर
कर लेना टेलीपैथी से तभी

क्यों जी ठीक है ना.......

दिल की धड़कन हो तुम...
Dil Ki Dhdkan Ho Tum...

साँझ फिर होने को आई है
सपनों की आहट के डर से
नींद अब आती नहीं
शब्दों की उलझनों के डर से
डरता हूँ बताने को भी
बंद पलकों से ढकी आँख मेरी,
खुलेंगी आप की आहट से ही

इतनी सी है बस मेरी इल्तज़ा
उनमें लिखी तहरीर पढ़ लेना
मन से लिखी इबादत ही मिलेगी
कि
मेरे सपनों की चाहत,
दिल की धड़कन भी तुम
अब तो चले आओ
साँझ फिर होने को आई है ।

दिल माँगने की बात हो गई.....
Dil Mangne Ki Baat Ho Gai.....

बदलते समय में
जवानी की रफ्तार भी
कितनी जवान हो गई
दिल माँगने की
बात हो गई

दिल्लगी में अब
दिल देने की बात नहीं
सोच समझ
दिल माँगने की
बात हो गई

खामोशियाँ समझे नहीं
रंग बदल कर
कारण ढूँढ़ने की बात
सरेआम हो गई

पूछे कोई उनसे भी
क्या हाल हुआ
जो दिल हथैली पे रख
उनके सरेआम हो गए

करती हूँ वादा प्यार में
Karti Hun Vaada Pyar Mein

मैं ज़िंदगी हूँ,
सफ़र में चलते कई बार
जहाँ छूट जाती हूँ कभी
उसी मोड़ पर रुकी नज़र आती हूँ
मैं ऐसी ही हूँ...

मैं ज़िंदगी हूँ,
मेरे भी अरमान हैं
अक्सर तो बस साक्षी ही
हाँ, कभी-कभी हमसफ़र
बनकर भी आती हूँ वहाँ
मैं ऐसी भी हूँ...

मैं ज़िंदगी हूँ
मैं भी जीना चाहती हूँ
पर क्या करूँ
अपने बस की बात नहीं
कभी गुज़रती कभी ठहर जाती हूँ ।

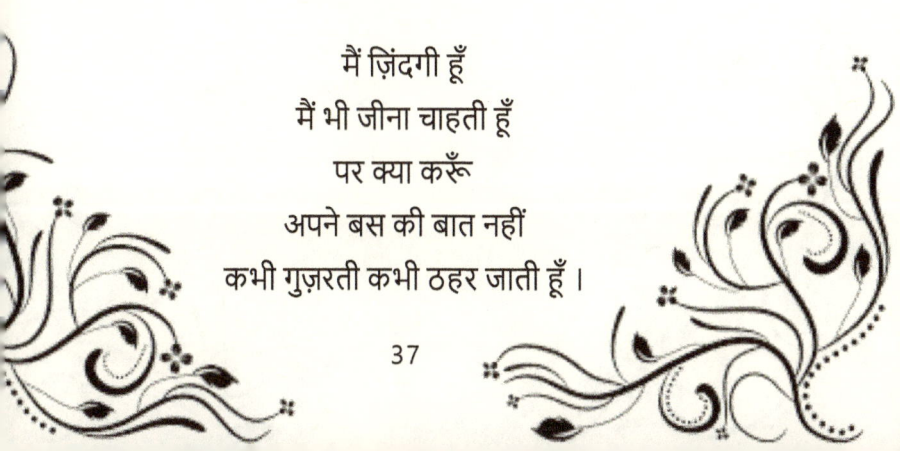

मैं- ज़िंदगी में बस
प्यार ही चाहती हूँ।
करती हूँ वादा प्यार में
ठहर कर नहीं गुजरूँगी
एक पल इस जन्म में कभी
मैं ऐसी भी हूँ........

थोड़ी सी शर्माहट.....
Thodi Si Sharmhat...

प्यार में थोड़ा शर्मा कर जैसे वो मुड़ चले
करेंगे हम इंतज़ार उनके मुड़ कर देखने का

हम याद न करें उन्हें, यह तो अलग बात है
भूल जायें हम उन्हें, यह नामुमकिन बात है ।

उनकी महक से ही आती है साँस हमारी
भूल जायें वो महक यह नामुमकिन बात है।

करेंगे इंतज़ार उम्र भर उनके मुड़ कर देखने का
याद न करें वो हमें यह बड़ी नामुमकिन बात है ।
करेंगे इंतज़ार.......

आज भी हूँ...
Aaj Bhi Hun....

वायलन के तारों की दस्तक ने आज फिर
भूली बिसरी यादों की परतें कई उधेड़ी हैं ।

याद है नीम के पेड़ तले झूला झूलना
पींग के साथ ख्वाबों में उड़ते जाना ।

भावनाओं और अनुभूतियों के मिल
बन जाना किसी गीत का और फिर

पुकारते जाना आओ बाँहों के घेरे में
तुम्हें ही समर्पित है धड़कनों का वेग

आज भी सिहर उठती हूँ जब कभी
भूली बिसरी यादों की परतों में भी
छू लेती हूँ अपने अंचल की वो गाँठ
लगाई थी थामने को अपना आवेश

चाहती हूँ फिर ख्वाबों में उड़ते जाना
भूली बिसरी यादों को वहीं छोड़ आना ।

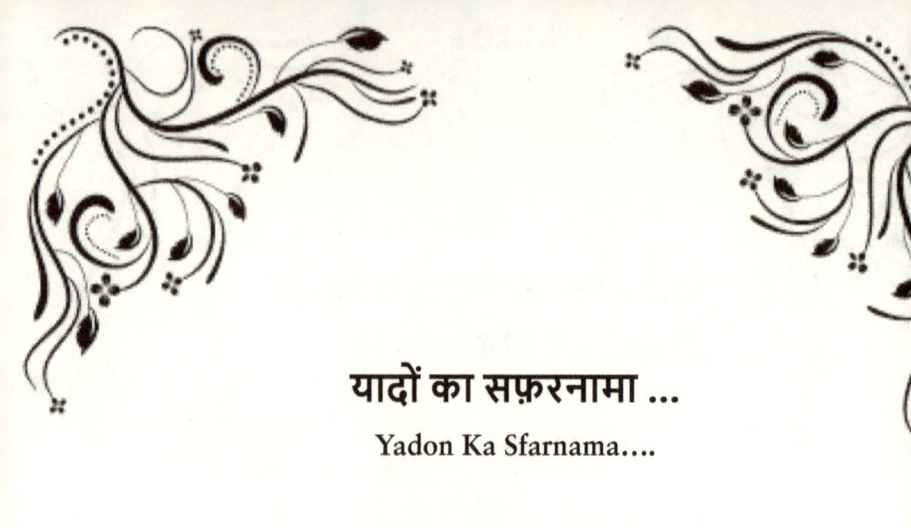

यादों का सफ़रनामा ...

Yadon Ka Sfarnama....

तन्हा-तन्हा सी कटती रातों में
बिस्तर पर पड़ी सिलवटें तो
कहती हैं बेजुबान सी दास्ताँ
उनकी यादों का सफ़रनामा
जब
रात भर करती इंतजार आँखों में
लाल स्याही से लिखी है इबारत
जो करती है बयान उनके दर्द
और कश्मकश की पूरी दास्ताँ
और
रात भर थरथराते रहे होंगे होंठ उनके
बेज़ुबान तरंगों से बुलाने को उनको,
पर नहीं समझ पाए वो खामोशियाँ
उनकी यादों का है यही सफ़रनामा
देखो:

रात फिर होने को हो आई है अब;
और बयान करने को शब्द हैं नहीं
अब तो सिर्फ़ फटे होठ ही देख कर
समझना होगा यादों का सफ़रनामा ।

कर रहा हूँ तुम्हारा इंतज़ार...

Kar Raha Hun Tumahara Intezar...

जब से तुम वादा कर के भी नहीं आये
कर रहा हूँ तुम्हारा उसी जगह इंतज़ार ।

सब काम -काज छोड़ हाथ में लिए बैठा हूँ
कर के रिचार्ज नया 4 G का अनेरोइड फ़ोन

एक बार कर दो यार व्हाट्सप्प पर कोई
नया इकरार, कर लेंगे हम फिर इंतज़ार ।

लिख नहीं सकते हो तो कोई बात नहीं
तुम्हें देख लें , थोड़ी देर के लिए ही सही
एक बार फेस बुक पर लॉगिन कर लो यार ।

सुबह सवेरे से हो रही है तमन्ना सुनने की
तुम्हारी आवाज़ और देखने को मुस्कराहट
हो सके तो करो वीडियो कालिंग एक बार।

कसम से फिर रात भर नहीं करेंगे
तुम्हें परेशान हम
अब भी कर रहे हैं तुम्हारा
उसी जगह इंतज़ार हम ।

आधुनिकता के स्पर्श
Adhhunikta Ke Sparsh

बदलते परिवेश की नई
चाहतों और ज़रूरतों में
ज़रुरत तो है बदलने की
पुरानी सोच और तरीके की

लगेगा कुछ तो वक़्त फिर भी
इस नई सोच को समझने में
ज़रूरत है ज़रा रुक-रुक कर
सबको साथ-साथ ले चलने की

बदलती सोच की नई रोशनी
लाई है, आशा की नई किरण
फिर भी इस बदलते परिवेश में
पूछती हूँ, अपने से एक सवाल

आधुनिकता के स्पर्श से
बदलता मेरा आँचल
क्या अब भी दे पायेगा मुझे
वही एहसास;
कि महक
के स्पर्श से मैं कर सकूँ
किसी आहट को आत्मसात ?

नौकरी की तलाश में......
Naukri Ki Talash Mein....

खेत खलियान और स्वच्छ हवा छोड़
नौकरी की तलाश में, पहुँचा मैं
एक बड़े शहर में, जो घिरा है
ऊँची-ऊँची इमारतों से
और उसके एक चौराहे पर
खड़ा ढूँढ़ता हूँ रास्ता,
किधर जाऊँ नौकरी की तलाश में ?

दूर से दिखता है
हवा का काला रंग
जिसमे घुले और तैरते हैं
छोटे छोटे सूक्ष्म कण,
जो होते हैं खतरनाक और
पहुँच फेफड़ों में करते हैं
दिल को बीमार भी।

इसलिए आगे बढ़ने से पहले
चारों तरफ प्रदूषण से घिरे
और फैले वातावरण में
ढूँढ़ता हूँ,
कहीं तो हरे भरे वृक्ष भी अवश्य ही होंगे
जहाँ रुक,
मैं साँस तो ले सकूँ,
पल दो पल,
नौकरी की तलाश में......

गुरु जी की मंद- मंद मुस्कान:
Guruji Ki Mand Mand Muskan

हे प्रभु
आप तक आने का रास्ता
मिला है मुझे अपने ही गुरु से
जो खड़े हैं आपके द्वार के बाहर
पूछते हैं मुझसे: इस बार क्या माँगा ?

मैं बोला बस इतनी सी है माँग
बस मुझे करा दो मालामाल
अगली बार जब आऊँगा तो
चढ़ाऊँगा सोने चाँदी का हार!

गुरु जी बोले बहुत सालों से देखता हूँ
हर बार पिछली बार से भी बड़े
भिखारी बन कर आते हो यहाँ
बेटा, बहुत दया आती है तुम पर!

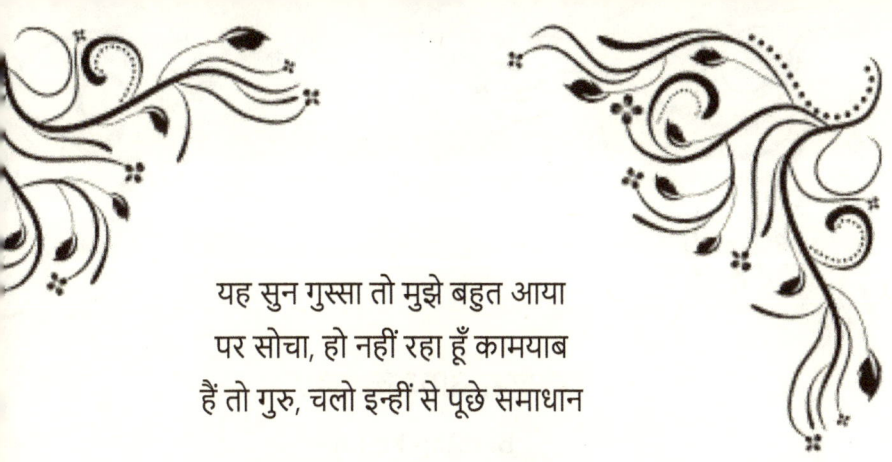

यह सुन गुस्सा तो मुझे बहुत आया
पर सोचा, हो नहीं रहा हूँ कामयाब
हैं तो गुरु, चलो इन्हीं से पूछे समाधान

गुरु जी की मंद- मंद देख मुस्कान मैं...
समझ गया वो जान गए हैं दिल की बात

इतने में उनकी तरफ़ से आई एक आवाज़
भिखारी बन करते हो अहम से चढ़ावे की शान
पहले करो प्रभु का धन्यवाद
उस सब के लिए
जो उनकी कृपा से मिला है
आज तक जीने के लिए

फिर करो प्रभु से प्रार्थना कि गलतियों के लिए करे
क्षमा का दान और दे तुम को सुख शांति का वरदान!

बस आप के लिए....

Bas Aap Ke Liye ....

प्यार मेरा चाहत मेरी, बस तुम्हारे ही लिए....
चाहती नहीं मैं तुमसे कुछ भी अपने लिए

प्यार में कर के वादा कल फिर आने का...
चले जाते हो भोर में समझा कर मुझ को,

प्यार में डूब कर ज़िंदा रखती हूँ अपनी चाहत
और रखती हूँ उम्मीद तुम्हारे वापिस आने की

फिर भी अनजाने डर से नींद में पकड़ लेती हूँ
मैं तुम्हारी उड़ती सी तुम्हारी परछाई का दामन

और प्यार में डूब कर ज़िंदा रखती हूँ उम्मीद कि
तुम्हारी आहट सुन, हो सकूँ मैं तुमसे आत्मसात!

फिर एक बार बस तुम्हारे लिए.......

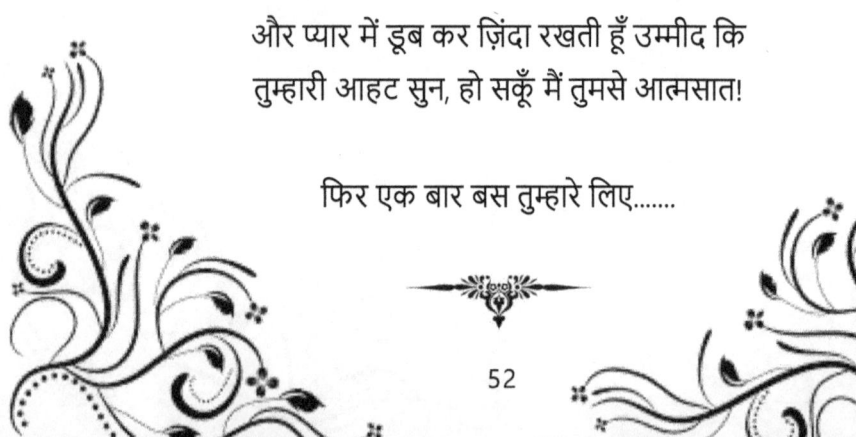

दिल की दिल से .....
Dil Ki Dil Se.......

शब्द है मेरे बहुत थोड़े से;
प्यार है तुम्हारा बहुत गहरा!
आता नहीं समझ मुझे कैसे
शब्दों से तुम्हें बयान करूँ।

तुम्हारी ओर से आती हवाओं
की महक से मेरे दिल की धड़कन
कोई गीत की धुन तो बनाती है
जिसके शब्द मैं जानता ही नहीं
तुम धड़कनों को सुन
समझ पाओगे क्या ?

प्यार समझने और समझाने को
शब्द होते हैं बहुत ही कम,
इसलिए क्यों न दिल की दिल से सुन
समझ लें प्यार एक दूसरे का हम!

भाई-बहन की टेलिपाथी

Bhai Behen Ki Telepathy

नदी के उस पार से
खामोश हवाओं में
आती है एक आवाज़
नदी का पुल तो टूट गया है, भाई:
रस्सी ध्यान से पकड़ कर आना
मैं करती रहूँगी तुम्हरा इंतज़ार!

सुनाई देती है एक आवाज़....
भाई, तुम्हारी भारी साँसों के लिए
हवा में बहुत ज़्यादा है प्रदूषण;
इसलिए ज़रा रुक-रुक कर आना
कर लूँगी राखी बाँधने का इंतज़ार!

करती है पुकार; हे प्रभु मेरे भाई को दो
लम्बी उम्र, ख़ुशी और साहस का एक वरदान
कि वो कर सके नारी रक्षा एवं उसका सम्मान!

फूलों को श्रद्धांजलि:

Phoolon Kou Shrdhhanjali

दर्द तो फूलों को भी बहुत हुआ होगा
जब किसी ने शाख से उन्हें तोड़ा होगा

मैंने सुना है फूलों के दर्द की उन खामोशियाँ को
इसलिए श्रद्धांजलि के लिए दिल पे लिख लिया है

फूलों के आहत होने से उनके दर्द की आवाज़ें सुन
फूलों की चाहतें छोड़ काँटों से दोस्ती कर ली है मैंने:

यादों की उम्र ......

Yadon Ki Umr.....

अच्छा तो लगता है कि यादें
मीठी और सदा बहार हों;

पर ज़रूरी तो नहीं है कि
उनकी उम्र भी लम्बी हो!

यह तो बस इत्तफ़ाक है कि
खुशबुओं की मदहोशी में
काँटे नज़र ही नहीं आते
और वो चुभन दे जाते हैं;

चुभन के दर्द और एहसास की
उम्र होती है बड़ी लम्बी क्योंकि
घाव भरने के बाद निशान रहते ही हैं
उम्र भर उस चुभन की याद के लिए।

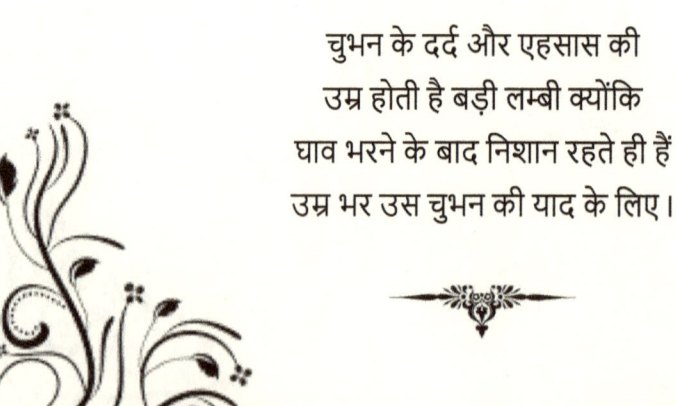

ढूँढ़ती हूँ उम्मीद की राहें
Dhundti Hun Umeed Kee Rahe

कभी तो मैं नन्हीं जान एक बच्ची
होती हूँ शिकार किसी हैवानियत की

और कभी मैं किसी की जान बन
होती हूँ शिकार उसकी हवस की

कभी अर्धांगिनी बन बनती हूँ शिकार
मैं घरेलू हिंसा और दहेज लोभ की

कभी उनके नए प्यार की
बन शिकार, सहती हूँ उपेक्षा

कभी बन तलाकशुदा
जीती हूँ ज़िंदगी अकेली
कभी तो औलाद के मोह में
जीती हूँ बेचारगी की ज़िंदगी

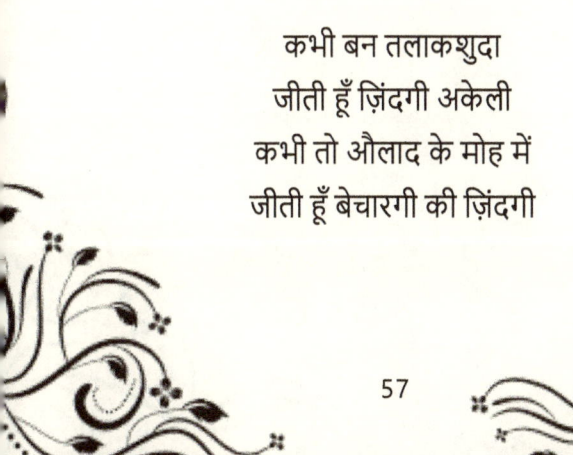

कभी उत्पीड़न और कभी
लाचारगी की ज़िल्लत भी

सहती हूँ अपमान और शोषण
फिर भी ढूँढ़ती हूँ उम्मीद की राहें
आने वाले कल में अपनी
एक नई पहचान के लिए
स्वाभिमान और आत्मसम्मान के
साथ जीने के अधिकार के लिए

मेरा मुस्कराना और उनका शर्माना

Mera Muskrana Aur Unka Sharmana

मेरी मीठी रोशनी में सावन में हरी-भरी बन
तुम खिल-खिलाती हो और तुम्हारे चाहने वाले
दीवानगी में प्रेम संगीत गुनगुनाते हैं
पर तुम कभी भी उनसे शर्माती नहीं!

सावन की पहली भोर में, मेरी रोशनी में
अपने हरे-भरे से आँचल में नज़ाकत से
मुझ से छुपा रही हो अपनी शर्माहट
और पूछती हो क्यों मुस्करा रहा हूँ मैं ?

देख यह कि सारी दुनिया
मुझ पर मुस्करा रही है
मैं तो बस यह सुन
धरती अपने चाँद को

सूरज से बचा रही है
शर्म से लाल हो गया!
तुम भी बताओ ना......... क्यों
मेरी मुस्कराहटों से शर्मा रही हो ?

वीडियो कालिंग से ....

Video Calling Se ....

चाहतें तो बहुत हैं पर कहने को शब्द नहीं:
दिल पे हाथ रख धड़कनों से समझ पाओगे क्या ?

दिल की किताब के पहले पन्ने पर एक पत्र लिखा है;
ई-मेल, व्हाट्सप्प, मैसेज और ट्विटर कर सकता नहीं:
वीडियो कालिंग से, आँखों में पढ़कर समझ पाओगे क्या ?

उस रात की शरारतों को देख एक गीत भी लिखा है !
सुना सकता नहीं गुनगना कर सुना पाओगे क्या ?

आप भी कहना तो बहुत कुछ चाहते हैं पर बोल नहीं सकते;
ज़रा पास तो आओ, धड़कनों को सुन सब समझ पाएँगे हम!

अधूरे शब्द......
Adhure Shbd......

दो समान्तर शीशों के बीच देखें एक बार हम
दूर तक दिखेंगे अनगिनत प्रतिबिम्ब !

कहीं अतीत में अधूरी चाहतों के होंगे हम;
और कहीं ख्वाइशों के साथ आने वाला कल !

अच्छा ही है कि चाहतों और ख्वाइशों को
बताने के लिए शब्द अधूरे ही है .....
वरना इनका भी बाज़ार लग जाता
और फिर मोल भाव में पता ही नहीं
कौन सा रिश्ता कब बिक जाता
और कौन सा प्रतिबिम्ब गुजरा हुआ
और कौन सा आने वाला बन जाता !

एक बार शीशों को सामने है करना बस;
जो दिखेगा वो होंगे हम, उस पल, एक पल!

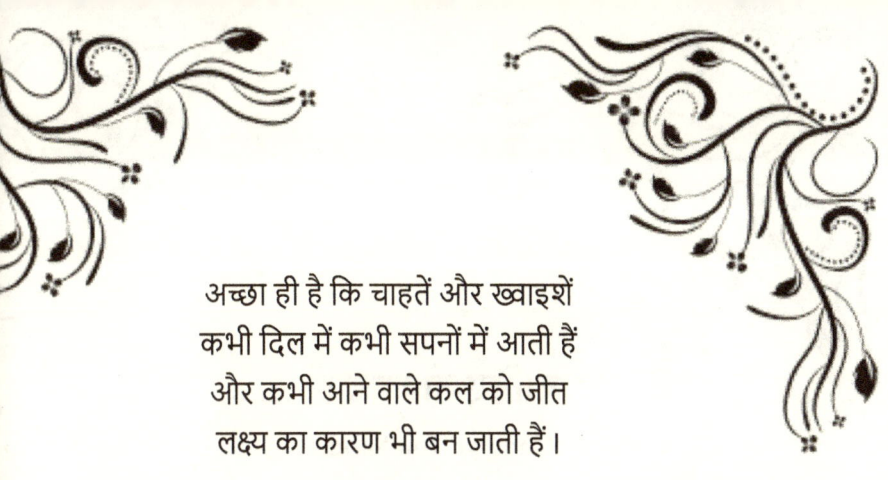

अच्छा ही है कि चाहतें और ख्वाइशें
कभी दिल में कभी सपनों में आती हैं
और कभी आने वाले कल को जीत
लक्ष्य का कारण भी बन जाती हैं।

चाहिए तो शब्द ही ....
Chahiye Tou Shbd Hi ......

सूर्यास्त की लालिमा से
सूर्योदय की पहली किरण तक
लगता है यह शब्द ही तो हैं
जो अंधकार के साम्राज्य को:
पहचान देते हैं "रात" के नाम से !

यह अलग बात है कि तुम
काली घटा के नाम से भी जाने जाते हो:
फिर भी बयान करने को तुम्हारी खूबसूरती
और तुम्हारे होने को चाहिए तो शब्द ही !

इसलिए अपने अंधकार के साम्राज्य होने का
अहंकार मत करना
क्योंकि
सूर्यास्त और रोशनी का अभाव ही
तुम्हारे होने का कारण
और पहचान है !

फिर भी चाहिए तो शब्द ही
बयान करने के लिए तुम्हारे होने को
जबकि तुम तो कभी होते ही नहीं।

पलकों से बंद होती झील:
Palko Se Band Hoti झील

आँखों की नमी पढ़ के तो देखो
प्यार की लिखावट ही मिलेगी वहाँ

पलकों से बंद होती झील है
किनारे बैठ इंतज़ार कर के तो देखो

उस झील में बुलबले भी निकलेंगे
और रोशन एक जहाँ भी दिखेगा

उन मदहोश सी थकी आँखों की नमी देख
बेवफ़ाई के दर्द में निकले आँसू ना समझना

यह तो वो अश्क हैं जो उन्हें मिलते हैं
जो डूब कर आँखों की झील में जीते हैं ।

सावन में बनती मन की इबारतें:

Sawan Mei Banti Man Ki Ebarte

बारिश की बूँदों के स्पर्श से
होती हलचल और मेरी शर्माहट
दीवारों पर लिखी इबारत तो नहीं
जो रोशनी में सब पढ़ लेते हैं !

सावन के महीने में बारिश की
बूँदों के स्पर्श से बनती कहानियाँ
पढ़ने के लिए कोई तो चाहिए जो
मन की चाहतों को समझ सके:

बारिश की बूँदों के स्पर्श से
बनती धुनों को सुनने के लिए
कोई तो चाहिए जो यह स्पर्श
के एहसास दिल की धड़कनों
में जीकर सुन सके, मेरे लिए।

आँखों में छुपने को है बेक़रार

Ankhon Mein Chhupne Ko Hai Bekrar

नन्हें बल्बों से जगमगाती बस्तियों में
सावन के महीने की पहली बरसात से
चारों तरफ उन्माद की नई बौछार में
हरी भरी वादियाँ भी जवान हो गई हैं

रात की खमोशियों में
चाँद की मीठी रोशनी में हर तरफ़
हर रूप में एक तेज़ दीखता है

आँधियों और बरसातों में
भीगने की चाहत है बरकरार
कोई तो बारिश की बूँदों के स्पर्श से
आँखों में छुपने को है बेक़रार और
कोई जुल्फ़ों का साया ढूँढ़ता है

कहीं से उठती है आवाज़
आओ चले आओ तुम
बाँहों के घेरे में
दिल से लगा के तुमको
कुछ पल जी ले इन खमोशियों में हम

फेशियल की ज़रुरत है
Facial Kee Zaroorat Hai

वो और मैं दोनों मिले हम बने
एक चाबी का ताला लिया और
घर बना कुछ पाने और कुछ
चाहने को हम ख़ुशी से जीने लगे

कुछ सुलझाने की कोशिशों में
एक चाबी और बनी और फिर
दोनों के पास, एक-एक होने लगी

एक दिन, मेरे चहेरे की झुर्रियां देख
वो बोले बढ़ती उम्र के साथ
तुम्हें फेशियल की ज़रुरत है
चलो क्यों ना पार्लर छोड़ आऊँ
शायद उलझनों की दवा मिल जाये:

मेरी चाबी से घर पर ताला लगा
वो मुड़ चले शहर की ओर
कुछ नई चाहतों को पाने,
मैं बस देखती रह गयी उन्हें
उसी चाबी के छल्ले के साथ !

आप की खामोशियाँ

Aap Kee Khamoshiyan

तेरी खामोशियों में भी तो मुझे
आने की आहट ही सुनाई देती है

ज़रा अपने दिल का दरवाज़ा तो खोलो
मेरे साँसों से पिरोई माला भी मिलेगी वहाँ

मेरी भावनाओं का फैला सागर है वहाँ
मेरी आँखों में देख नए गीतों को संजोना

मेरे साथ नौका में किनारों को मत खोजना
हमसफ़र बन उन्माद में तरंगों पर ही चलना

किनारों का क्या, वहाँ तो
दिए भी बुझ ही जाते हैं;

आओ चले आओ मेरे संग मँझधार में
कुछ पल खामोशियों में जी ले हम

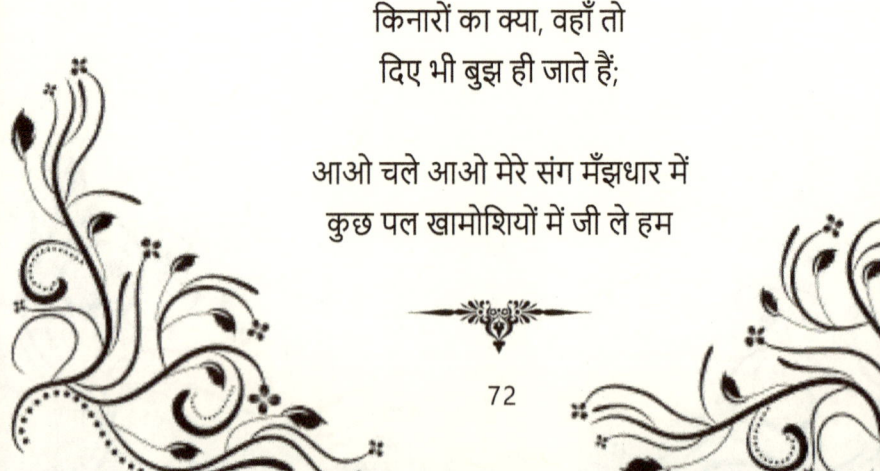

भीगने का इंतज़ार

Bheegne Ka Intezar

इक बार तो आँखों
का इशारा समझ
इधर भी आओ ना

तुम्हें खबर नहीं है कि
बिना बारिश के सूखी पड़ी
कर रही हूँ तुम्हारा इंतज़ार

बस हर बार की तरह ज़ोर से गरज
मेरी उम्मीद जगा कर जा रहे हो ।

क्या गुनाह है जो इस तरह मेरा
आँगन सूखा छोड़ जा रहे हो ।

मुझे प्यासा तड़पता छोड़
उधर ही बरसते जा रहे हो ।

बारिश के मौसम में
हम भी कर रहे हैं
भीगने का इंतज़ार
इसलिए जोर से यहाँ
भी बरसो इस बार ।

बारिशों में इंतज़ार
Barisho Me Intezar

माना कि बारिशों के मौसम में
नदियाँ उफान पर भी होती हैं
रोकती हैं घर वापसी के रास्ते
और किसी की इंतज़ार में ही
गुज़र जाती है रात वहाँ भी

पर देखें उधर भी जहाँ
प्यासी नदी के किनारे
बैठी है प्रेयसी अपने
प्रीतम से मिलने को
बारिश के इंतज़ार में

गुनगना कर नीले गगन के
नीचे बादलों से कहती है
बरसो झर-झर एक बार
कब से करती हूँ इंतज़ार
तुमसे मिलने का एकबार

प्यासी नदी भी कर रही
बारिश का इंतज़ार !
पाने को अपनी पहचान
और ढूँढ़ने को बिछड़े किनारे
फिर से बारिश में एक बार !

क्यों पूछते हो मुझसे
Kyon Poochhte Ho Mujhhse

तुम कहते हो कि करते हो मुझसे प्यार
फिरभी पूछते हो मुझसे यह सवाल
क्या है, मुझे तुम पे ऐतबार ?

पूछती हूँ मैं तुमसे
क्यों करते हो यह सवाल
क्या तुम्हें अपने पर ही
नहीं है ऐतबार
कि तुम करते हो मुझसे प्यार !

मुझे लगता है कि
कहीं तुम मन की उलझनें
बुद्धिमत्ता से सुलझाकर
उसे ही तो नहीं देते
प्यार का नाम !

प्रिये, अपने दिल में
थोड़ा सा मेरे दिल का दर्द लेके तो देखो
कभी पूछने की ज़रुरत ही न पड़ेगी
ये सवाल
क्या है मुझे तुम पे ऐतबार।

मन की उलझनें
Man Kee Uljhhane

मैं सुन सकती हूँ आप की आवाज़,
झरनों और पक्षियों के संगीत,
जंगल में सफारी की बातें
और कैसे करना होता है इंतज़ार:
एक बार शेर दिखने का

मैं सुन सकती हूँ आप के मन की आवाज़
पूर्णिमा की चाँदनी रात में छत पर बैठी प्रेयसी
कैसे करती है प्रीतम के आने का इंतज़ार

मैंने सुना है
सच याद नहीं रखना पड़ता
और झूठ याद नहीं रहता !

मैं देख नहीं पाती हूँ,
तो क्या तुम
मेरी आँखें बन यथार्थ
दिखा पाओगे मुझे !

में बोल भी नहीं सकती,
पर क्या तुम
मेरी उलझनें पढ़ कर,
बन पाओगे मेरे बोल ?

प्यार का सफ़र
Pyar Ka Safar

ज़िंदगी के सफ़र में
प्यार में खुशनसीब लोग
बड़े मकान की टूटी छत
से बनी झोपड़ी में भी
घर बसा लेते हैं
और कभी तो
हमसफ़र के साथ
छत के बिना
चारदीवारी में भी
घर बना लेते हैं
जीवन में प्यार के लिए
ज़िंदगी के सफ़र में।

सफ़र में एक सेल्फी
Safar Main Ek Selfie

गुज़रे हुए पल से अबतक और
अबतक से आने वाले पल तक का
सफ़र नामा ही बयान करता हैं
उम्र, इस ज़िंदगी के सफ़र की

यादें ज़िंदगी के सफ़र की
फैली हैं चारों दिशाओं में,
सागर की लहरों की तरह
जिनका न कोई छोर है न ठिकाना

चलो, सफ़र इस बार वादियों में करे
नसीब की बात रही तो शायद
हमारी तुम्हारी खामोशिओं में
पक्षियों के गीत सुनने को मिलें
और सफ़र में नया संगीत बने

चलो सफ़र एक बार सागर किनारे भी करें
सुनेगें लहरों की मस्त धुनों को और देखेंगे
उनका सफ़र में उन्माद, मुकाम तक पहुँचने का
करेंगे कोशिश हम भी सागर किनारे
ज़िंदगी में सफ़र के गिले-शिकवे धो डालने का

आज और अब, वर्तमान का सरकता पड़ाव ही है
जो निश्चित ही इस सफ़र में आने वाला कल होगा
चलो फिर से नई उमंगों का एक मुकाम तय करें

ज़िन्दगी के सफ़र के लिए

ढूँढ कर समतल पत्थर पर खड़े होने की जगह
पीछे भी हरे-भरे वृक्षों का सुंदर सा दृश्य देख
सफ़र की इन हसीं यादों को संजोने के लिए
चलो खीचें एक सेल्फी ज़िंदगी के सफ़र के लिए।

प्यार और मोह की रेखाएँ
Pyar Aur Moh Kee Rekhain

बूढ़ी लाचार और बेबस माँ,
कभी चेहरा आईने के सामने
कभी आईना चेहरे के सामने
लाती देख, मैं हैरानी से पूछ बैठा
अम्मा, चेहरे पर इतनी, झुर्रियाँ क्यों ?
वो बोली,
मेरे बेटे जैसे तुम भी
पढ़े लिखे लगते हो !
इस लिए बतला रही हूँ,
यह आड़ी तिरछी रेखाएँ
मेरे बचपन से जवानी,
और जवानी से बुढ़ापे के,
प्यार और मोह की
कहानियाँ और कविताएँ हैं सब

जो बस रात को जब मैं सोती हूँ
तब ही बोलती हैं सब,
और मैं सुन नहीं पाती हूँ
अब तुम पढ़कर सुना पाओगे क्या ?

करती हूँ इंतज़ार

Kartee Hun Intezar

छोटी-छोटी इच्छायें हैं मेरी
छोटी सी अश्रुधारा से
बनी हूँ मैं एक नदी
मेरे किनारों के नाम हैं,
स्वाभिमान और आत्मसम्मान,

मैं करती हूँ इंतज़ार,
एक जगमगाते दिये का
जो आ सके किनारों से
मँझधार तक मेरे पास,
और मेरी धड़कनों से जी कर
चल सके दूर तक मेरे साथ

छोटी सी इच्छा है मेरी
कि वो जगमगाता दिया
कर सके सम्मानित मुझे
रोशन कर किनारों को मेरे
जहाँ मीठी रोशनी में

चाँदी सी भीगी रेत पर
कोई कर सके इंतज़ार
अपने सपने संजोने का,
स्वाभिमान और आत्मसम्मान
के साथ जीने का,
नदी के उस पार
और
दिया जलता रहे मँझधार में
मेरे लिए मेरे साथ दूर तक
मँझधार में... .

मैं ढूँढ़ती रह गई:

Mein Dhoondti Reh Gai:

लो फिर उन्होंने वायलन के तारों से
एक तराना पिरोया है;
तलाश में उनकी,
स्वरों की दिशाओं में,
मैं जब भी चलती उन राहों पर,
तो लगता, कहीं - कुछ,
कुछ-छूट सा जाता है,
ढूँढ कर,
हर बार उन्हें मैं जोड़ती,
पर, हौले से, फिर कहीं कुछ,
चटक कर - टूट सा जाता,
या, कोई स्वर बिखर कर,
उन्हें, और अपना सा कर जाता,
थक कर, एक साँस में,
मैं पूछती, कहाँ हो तुम प्रिये!

तभी अंदर से एक आवाज़ आती,
तुम्हीं तो मेरा स्वर हो, तुम्हीं मेरा तराना
तुम शायद इनकी गूँज की दिशाओं में ही,
ढूँढ़ती रह गई हो मेरा ठिकाना ।

बचपन की चाहत
Bachpan Kee Chahat

बचपन की आती है याद
और होती है चाहत उसको
पाने की फिर से एक बार
क्योंकि उसमें ही तो
सिमटी हैं यादें
मेरे बचपन की.....

बचपन में ही तो सुरक्षित हैं यादें
हँसने, खिलखिलाने,रूठने
और फिर मनाने की
मेरे बचपन की.......

और जब थी न कोई पहचान मेरी
गलतियों को भी अनदेखा करके
सभी कहते, बच्चा है, अभी
बस यही थी पहचान, मेरे होने की
मेरे बचपन की.......

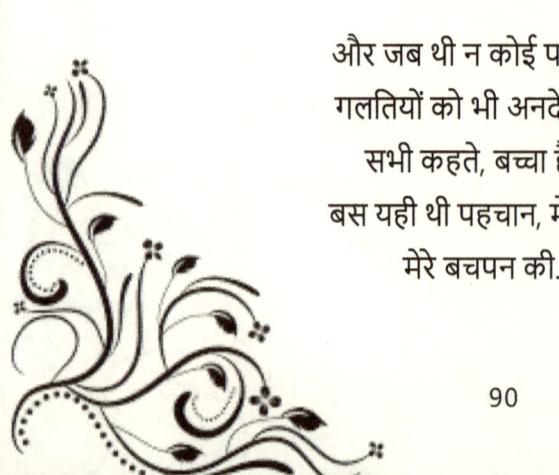

जब थी न जात-पात
कोई पहचान मेरी
अनदेखा कर दिया जाता
शरारतों को भी मेरी
क्योंकि बचपना ही था
बस पहचान मेरे होने की
मेरे बचपन की.....

अपने बेगाने सभी प्यार से
गोद में उठा लेते, देख
मेरी गुस्ताख़ मुस्कराहटों को
कोई धर्म नहीं ढूँढ़ता
मेरे माथे पे प्यार देने से पहले
क्योंकि बचपना ही था
बस पहचान मेरे होने की
मेरे बचपन की.........

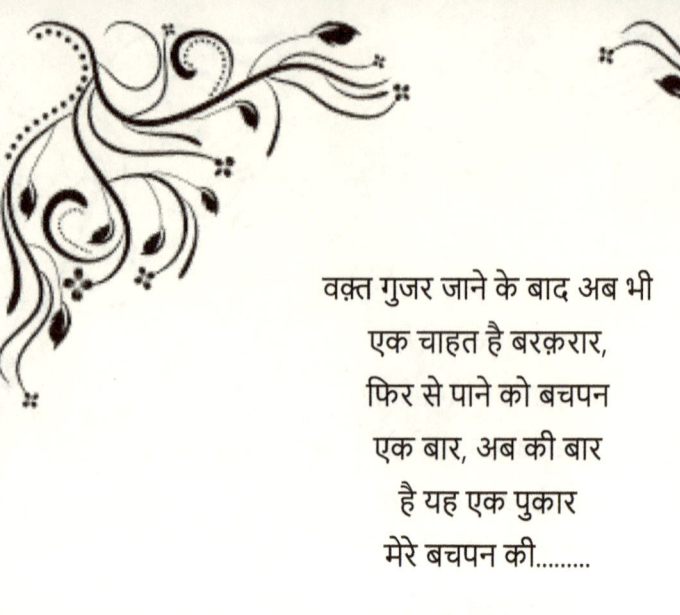

वक़्त गुजर जाने के बाद अब भी
एक चाहत है बरक़रार,
फिर से पाने को बचपन
एक बार, अब की बार
है यह एक पुकार
मेरे बचपन की.........

बहने दो मुझे:

Behne Do Mujhe:

रुक रुक कर चलने से
थक चुका हूँ मैं:
इस लिए बहने दो मुझे धारा में,
जबकि जानता हूँ;
इस से खो जाएगा अस्तित्व ही मेरा',
पर शायद,
खो जाना ही- मेरी नियति है;
इसलिए, बहने दो मुझे धारा में,
बस, बहुत ऊब चुका हूँ,
थक थक कर चलने से मैं।

बरसाती नदी की

Barsati Ndi Kee

इठलाती और उफनाती
बरसाती नदी की तरह,
पता नहीं कहाँ से,
चली आती हो तुम
और तोड़ जाती हो
किनारों को
मेरे आँगन के,
जहाँ
निशाँ बर्बादी के देख,
तेरे जाने के बाद
खोजता हूँ, पहचान मैं तेरी
तो लगता है, शायद
तुम मेरे स्वार्थ का प्रतिफल ही तो नहीं,
फिर भी पता नहीं क्यों
रहता है एक इंतज़ार,

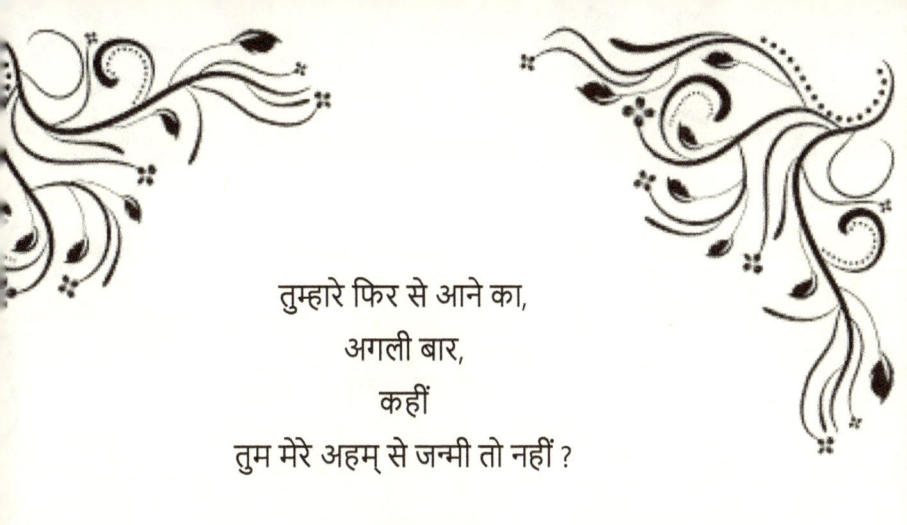

तुम्हारे फिर से आने का,
अगली बार,
कहीं
तुम मेरे अहम् से जन्मी तो नहीं ?

एक आहट- साँसों की

Ek Aahat -Sanson Ki

एक माँ के चश्मे पे लगी ओस
जब भारी साँसों की आहट से
छटने लगी तो दिखे,
उसके दो आँसू
मैंने पूछा क्या हुआ ?
आसमान की ओर देख, वो बोली,
कुछ नहीं, पता नहीं, क्यों !
यह हर रोज, यूँ ही, सूर्योदय में निकलते हैं
और संध्या से पहले, वापिस आ जाते हैं,
तो मैंने पूछा मालूम है, ये कहाँ जाते हैं ?
वो बोली,
एक कहता है, अपनों के पास
और
दूसरा कहता है, अपनों के साथ,
उत्सुकतावश मैं पूछ बैठा क्या,
यह कभी इकट्ठे नहीं होते ?

वो बोली, होते हैं ना,
मेरे पास मेरे साथ, हर दिन, हर रात
हर साँस के साथ
हर साँस के साथ।

खूबसूरती के चार स्तम्भ
Khoobsoorti Ke Char Stbh

बला की खूबसूरत,
शिला से,
किसी कलाकार ने पूछा,
क्या तुम में प्राण भी हैं ?
वो बोली, अरे वाह !
क्या तुम, इतना भी नहीं जानते,
मैं जन्मी हूँ,
एक मूर्तिकार के श्रम से,
मेरा दिल तो पत्थर का ही है,
और मैं खड़ी हूँ चार स्तम्भों पे,
जिनकी नींव में है,
समर्पण, प्यार, त्याग और विश्वास,
पर -पर
मेरी साँसों में है,
उस मूर्तिकार के परिश्रम के फल की खुशबू

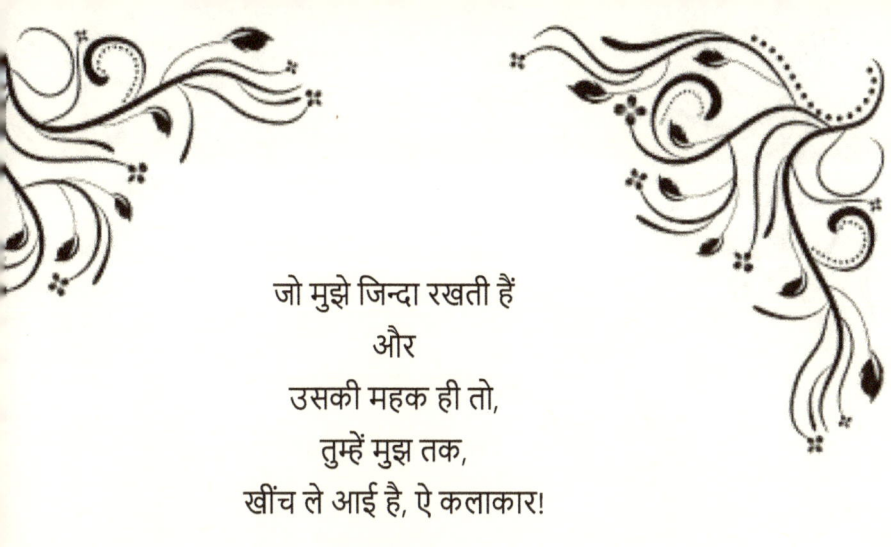

जो मुझे जिन्दा रखती हैं
और
उसकी महक ही तो,
तुम्हें मुझ तक,
खींच ले आई है, ऐ कलाकार!

हम दो -एक जान

Hum Do-Ek Jaan

कहाँ से शुरू करूँ,
दस्ताने बयान इक इकरार की,
और कहाँ पे ख़तम करूँ,
सफ़र उसके इंतज़ार का,
क्योंकि आईने के सामने
इकरार और उसका इंतज़ार,
लगते हैं प्रतिबिम्ब एक दूसरे के होने का,
जहाँ वो दो -एक जान हो जाते;
और
फिर पता ही नहीं चलता,
किस मोड़ पर
वो तुम से, आप बन जाते
और किस मोड़ पे,
फिर
अपने अपने होने की तलाश में

उनके मतलब
मेरे और तेरे बन जाते,
अनजाने से वो फिर से भटक जाते,
एक अनसुलझे सत्य की तलाश में।

गलती और गलतफ़हमी

Galti Aur Glatfehmi

कभी वो, कभी हम
अपने- अपने प्यार और विश्वास में,
स्वार्थ और विश्वासघात में
और
फिर आधा भरा पानी का गिलास
या
आधा खाली की समझ को लेकर
गलती और गलतफ़हमी में फर्क ढूँढ़ते-ढूँढ़ते
इस मुकाम पर पहुँच जाते
जहाँ से
पहाड़ों के अस्तित्व और,
उनकी ऊँचाई की पहचान भी
हम
खाइयों की गहराइयों
में ढूँढ़ने लगते,
बस---फिर तभी

रह जाता एक बोध
कि
पहाड़ों पर
ऊँचे और घने पेड़ों की
परछाइयों को
बादल समझ लेने से ही,
बारिश नहीं हो सकती

बादलों के उस पार
Badlon Ke Us Par

अपने
मैं
होने के,
अहम् और अहंकार को,
बादलों के आँचल में,
अपने ख्वाबों में,
यूँ संजो के; कब तक रखोगे ?,
जब: जब, यह बिखरकर,
बरसेगा,
तुम से,
तुम्हें चुराकर
तुम्हारा,
अस्तित्व एवं यादों को भी धो डालेगा,
और
तब: तब - अहसास होगा,
जिंदगी के छू कर निकल जाने का,

उसे देख भी न सकने का;
बस रह जाएगा
एक पश्चाताप
और एक
बोझ,
बादलों के उस पार
ज़िंदगी के
अहसास का

खुले केशों की महक
Khule Keshon Ki Mehak

इस बार की
पहली बारिश में
भीगी माटी की
सोंधी- सोंधी खुशबू
और उसमें,
हृदय से सटे
खुले केशों की महक
लगता है,
फिर कोई पौध
माँ बन गई है।

सपने - भीगी रेत पर

Sapne - Bheegi Rait Par

सपने टूटने के
डर से भी,
उनकी चाहत,
हम छोड़ न सके,
फिर,
एक दिन,
वो मिली और बोली,
घबराओ मत,
मैं,
हमेशा तुम्हारे साथ और पास रहूँगी,
इस विश्वास से, उन्माद और ख़ुशी में
भीगी रेत पर, मैं चलने लगा,
चलते चलते,
एक बार
पीछे मुड़कर जो देखा,
तो,
सिर्फ़,

मेरे ही पाँवों के निशाँ बाकी थे,
इस पर
मैं,
भौचक्का सा,
उन्हें ढूँढ़ने लगा,
तभी,
एक आवाज़ आई,
पगले,
ये भी तो एक सपना था ।

चुभन
Chubhan

ऐ
दोस्तों,
यादों
को
रद्दी की टोकरी में पड़े
कागज़ों में कहाँ ढूँढ़ते हो
ज़रा सी, दिल को चुभन दे के तो देखो
एक किताब ही मिल जायेगी ।

प्रेम के संगीत

Prem Ke Sangeet

मैंने सुने हैं,
प्रेम के संगीत,
और देखा है,
सपनों की चाहते बनना,
फिर,
उनका टूटना और बिखरना,
इसलिए,
मैं डर गया हूँ,
शब्दों और धुनों से,
और बुनता हूँ,
एक सन्नाटा,
इन खामोश हवाओं पर,
जो शायद,
तुम सुन सको।

तपिश

Tapish

सूर्य की तपिश
और
गर्म हवाओं ने
मुझे
निर्वस्त्र कर दिया है
मुझे
पतझड़ समझने की भूल न करो
क्योंकि
मैं
तुम्हारे ही
अस्तित्व की एक पहचान हूँ।

हाथ की लकीरें.....
Hath Ki Lkiren....

तुम्हारी भूली बिसरी यादों की
मेरी कलम से कोरे कागज़ पर
चिह्नित होती है
एक आकृति
जो
कभी मेरी खामोशियों को
एक नाम देकर
तुम्हें आवाज़ देती है
क्या तुमने उसकी गूँज सुन ली है,
जिसके आघात- प्रतिघात से तुम
इतने व्याकुल हो जाते हो
जैसे
तुम्हारी हाथ की लकीरों में बनी
कोई तस्वीर ही खंडित हुई हो!

सुनहरे फ्रेम में काला चश्मा
Sunehre Frame Mein Kala Chashma

काला चश्मा सुनहरे फ्रेम में लगाकर
दिल का दर्द कहाँ तलक छुपाओगे

आँसुओं का नमक सूखने के बाद
लिखी मिलेगी एक दास्ताँ वहाँ

पढ़ी जाएँगी चेहरे पर बनी
आड़ी तिरछी रेखाएँ भी

कैसे छुपेगी जो मिली
दर्द की वसीयत यहाँ

स्पर्श के एहसास ....
Sparsh Ke Ehsas.....

जब नन्हा सा था, मम्मी पप्पा की बातें सुन
हँसता और उनके शब्द याद कर लेता ।

फिर स्कूल में एक से पाँचवीं कक्षा तक
कुछ शब्दों का मतलब भी सीखने लगा ।

मिडिल स्कूल तक आते- आते नए
शब्दों का ज्ञान बढ़ाने की कोशिशों में
आँखों पर भी ज़ोर पड़ने लगा और
सेकेंडरी स्कूल में चश्मा भी लग गया

किशोरावस्था में कुछ सच्चे- कुछ झूठे
शब्द जाल भी बुनने लगा और फिर
देखते-देखते शरारतों में जवान हो गया!

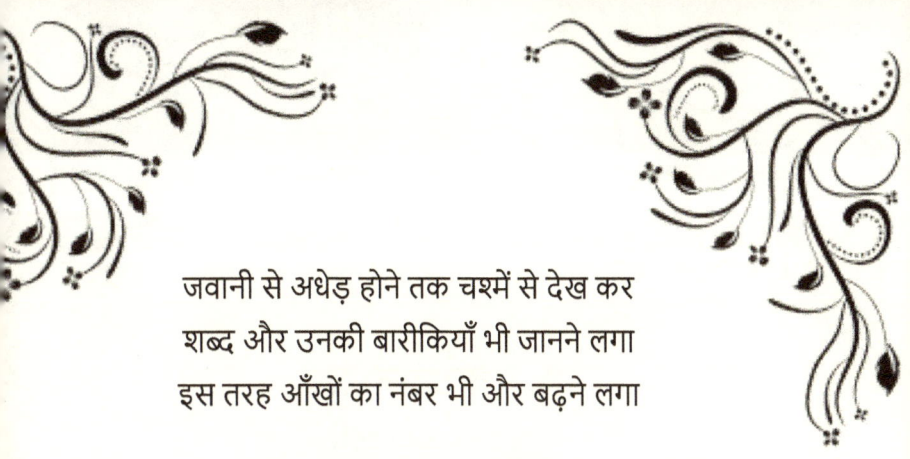

जवानी से अधेड़ होने तक चश्में से देख कर
शब्द और उनकी बारीकियाँ भी जानने लगा
इस तरह आँखों का नंबर भी और बढ़ने लगा

बुढ़ापे की शुरुआत होते होते
रिश्तों के शब्द धुँधले दिखने लगे

वृद्धाश्रम में जब जिए दूसरे स्पर्श के एहसास
लगा अब नहीं है ज़रुरत और शब्द पढ़ने की
चश्मा उतार कर देखा सब शब्दों से ऊपर
इंसानियत और शराफ़त ही लिखा मिला।

अंगदान....
Anngdaan...

कर गए जो अपने अंगदान
मरकर भी वो ज़िंदा रहेंगे
छोड़ कर अपनी पहचान

पञ्च तत्व में वलीन हो कर भी
छोड़ गए दिल किसी के पास

ज़िंदादिली का यह भी मुकाम है
चाहतें भी कर गए किसी के नाम

छोड़ गए आँखें किसी के पास
जो देखेगा दुनिया उनके नाम

ज़िंदादिली का यह भी मुकाम है
ज़िंदा रहते जो कर गए अंगदान

वो आएँगे ज़रूर ....

Vo Aayenge Zaroor ...

चलो उम्मीद के चिराग जलाएँ दोस्तो
साँसों के हिसाब बहुत हैं बाकी अभी

रुस्वाई के ज़ख्म ताज़े हैं भरने में देर तो लगेगी
दर्द - दवा बनने में भी अभी तो वक़्त है काफ़ी

हक़ीक़त में ना सही.. वो आएँगे ज़रूर ....
सपनो में ही सही मुलाकात तो होगी ज़रूर

चलो उम्मीद के चिराग जलाएँ दोस्तो

क्या यही होता है पहला प्यार ...
Kya Yahee Hota Hae Pehla Pyar…

याद है आज भी भीगी सी वो शाम
ढलते सूरज की मीठी रौशनी में
घुंघराले बालों का सुनहरा लगना
और उनके अंतिम छोर से
पानी की बूंदों का टपकना
जैसे हो ओस के मोतियों का गिरना

याद है
हवा के झोंकों में खुले केशों की महक
फिर देर तक उनका इंतजार करना

याद है
ओस की बूँदों पर मुड़कर देखना
जहाँ दिखे थे मेरे पांव के निशान
वहाँ मखमली घास नहीं
चमकीले मुलायम रेत के कण थे

जो आंधियां उठा लाई थी
सहारा के रेगिस्तान से
जिन्हें
केशों में लगे और बिखरे फूल समझ
अंजुली में समेट उठा लाया था मैं

याद है
आज भी भीगी सी वो शाम और
फिर वहीँ करना उनका इंतज़ार

बस
अब आप ही बताओ
क्या यही होता है
पहला प्यार
जिससे मिलने का हो
उम्र भर इंतज़ार ....

www.ingramcontent.com/pod-product-compliance
Lightning Source LLC
Chambersburg PA
CBHW022112090426
42743CB00008B/818
* 9 7 8 9 3 8 8 4 9 7 1 8 3 *